KRIMINAL
POLIZEI
KRIMINAL
POLIZEI
1
2
3

Dieses Buch kann alleine lesen:

____

Die spannendsten Blaulicht-Silben-Geschichten

CARLSEN

Silbe für Silbe zum Lese-Erfolg

Liebe Eltern,

Leseanfänger lesen langsam. Sie müssen jedes Wort Buchstabe für Buchstabe, Silbe für Silbe erlesen. Alle Wörter der Geschichten in diesem Band sind in farbigen Silben markiert. Diese kurzen Buchstabengruppen können Leseanfänger schneller erfassen als das ganze Wort.

Bei den markierten Silben handelt es sich um Sprechsilben. Das heißt, die Wörter sind so in Silben aufgeteilt, wie sie gesprochen werden. Die Sprechsilben entsprechen fast immer auch der möglichen Worttrennung, also den Schreibsilben.

Nur bei der Trennung einzelner Vokale gibt es einen Unterschied: Nach den aktuellen Rechtschreibregeln werden einzelne Vokale am Wortanfang oder -ende nicht abgetrennt. Beim Sprechen unterteilen wir solche Wörter jedoch in mehrere Silben, daher sind sie in diesem Band ebenfalls mit unterschiedlichen Farben markiert: Oma, Radio.

Ihnen und Ihrem Kind viel Spaß beim Lesen!

Inhalt

Ein Fall für die Polizei

Eine Geschichte von Petra Wiese

mit Bildern von Jörg Hartmann

Eine verdächtige Beobachtung

„Guck mal“, sagt Leo.
Er zeigt zu Radio Meier rüber.
Tim dreht sich um und sieht einen Mann.
Er kommt gerade aus dem Geschäft
von Herrn Meier gerannt.
Unter seiner Jacke guckt ein Kabel hervor.
Der Mann sieht sich rasch um und
verschwindet in der Menge.
„Der hat bestimmt etwas geklaut!“,
vermutet Leo.

Der Mann geht die Straße hinunter.
„Wollen wir ihn verfolgen?“, fragt Tim.
„Nein, das ist zu gefährlich“, meint Leo.
„Was machen wir dann?“, fragt Tim.
„Wenn jemand klaut,
dann muss man doch etwas tun!“
Da biegt ein Polizeiauto um die Ecke.
Heute hat Herr Berg mit einer Kollegin
Streifendienst.

Leo kennt den netten Polizisten.
Er wohnt bei ihm nebenan.
Tim und Leo winken,
damit der Streifenwagen anhält.
Das Polizeiauto bremst.
Herr Berg lässt die Scheibe herunter.
„Wo brennt es denn?“, fragt er lachend.
Leo erzählt, was sie beobachtet haben.
Herr Berg nimmt seine Polizeimütze ab
und kratzt sich am Kopf.
Jetzt lacht er nicht mehr.
„Was? Schon wieder
so ein dreister Ladendiebstahl?“,
fragt die Polizistin.
„Bei Herrn Meier? Der Arme!
Aber diesmal haben wir ja Zeugen.
Vielleicht schnappen wir
den Dieb jetzt.“

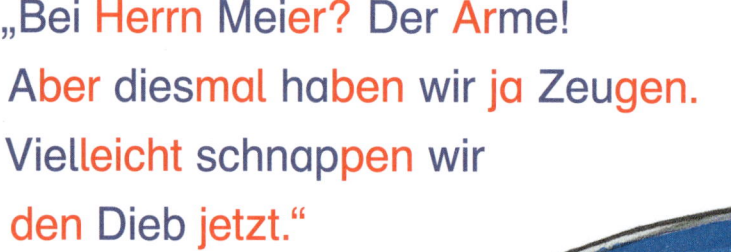

„Ich frage erst einmal auf der Wache nach“, sagt Herr Berg.
„Vielleicht hat Herr Meier schon eine Anzeige gemacht.“
Herr Berg spricht in sein Funkgerät hinein.
Aus dem Funkgerät krächzt es.
Die Stimme gehört einem anderen Polizisten.

Das ist der Einsatzleiter.
Er sitzt auf der Wache in der Funkzentrale.
Über Funk ist er mit den Streifenwagen verbunden.
Auch die Notrufe kommen bei ihm an.
Wenn jemand dringend die Hilfe der Polizei braucht,
wählt man die Telefonnummer 110.
Der Einsatzleiter schickt dann sofort einen Streifenwagen.

Herr Berg fragt
über Funk,
ob Herr Meier
einen Diebstahl
gemeldet hat.
„Herr Meier hat gerade
eine Anzeige gemacht.
Bei ihm wurde tatsächlich
ein Radio gestohlen“,
berichtet Herr Berg.
Die Polizistin nickt
und kramt ihren Notizblock
und einen Kugelschreiber hervor.
„Dann haben wir also wirklich
einen Dieb gesehen!“, ruft Tim.
Leo und Tim sind ganz aufgeregt.
„Siehst du!“, ruft Leo.
„Ich hab recht gehabt!“
„Erzählt mir genau, wie der Mann aussah!“,
bittet Herr Berg.

„Er hatte kurze blonde Haare.
Und er trug eine Brille“, sagt Leo.
„Er war kleiner als Sie, und viel jünger.
Er trug eine blaue Jacke und
eine schwarze Hose“, weiß Tim.
„Und er hatte Turnschuhe an!“,
erinnert sich Leo.
„Das habt ihr aber gut beobachtet“,
staunt Herr Berg.
„Das kommt davon,
dass wir so gerne
Detektivgeschichten lesen“,
kichert Leo.

„Und Lesen bildet ja bekanntlich!“, ergänzt Tim.

Die Polizistin hat alles ganz genau aufgeschrieben.

Dann gibt Herr Berg die Beschreibung über Funk an den Einsatzleiter weiter.

Der Einsatzleiter informiert alle Streifenwagen in der Nähe, damit sie Ausschau nach dem gesuchten Dieb halten.

Leserätsel

Wie sah der Dieb aus?
Kreuze die richtigen Dinge an.

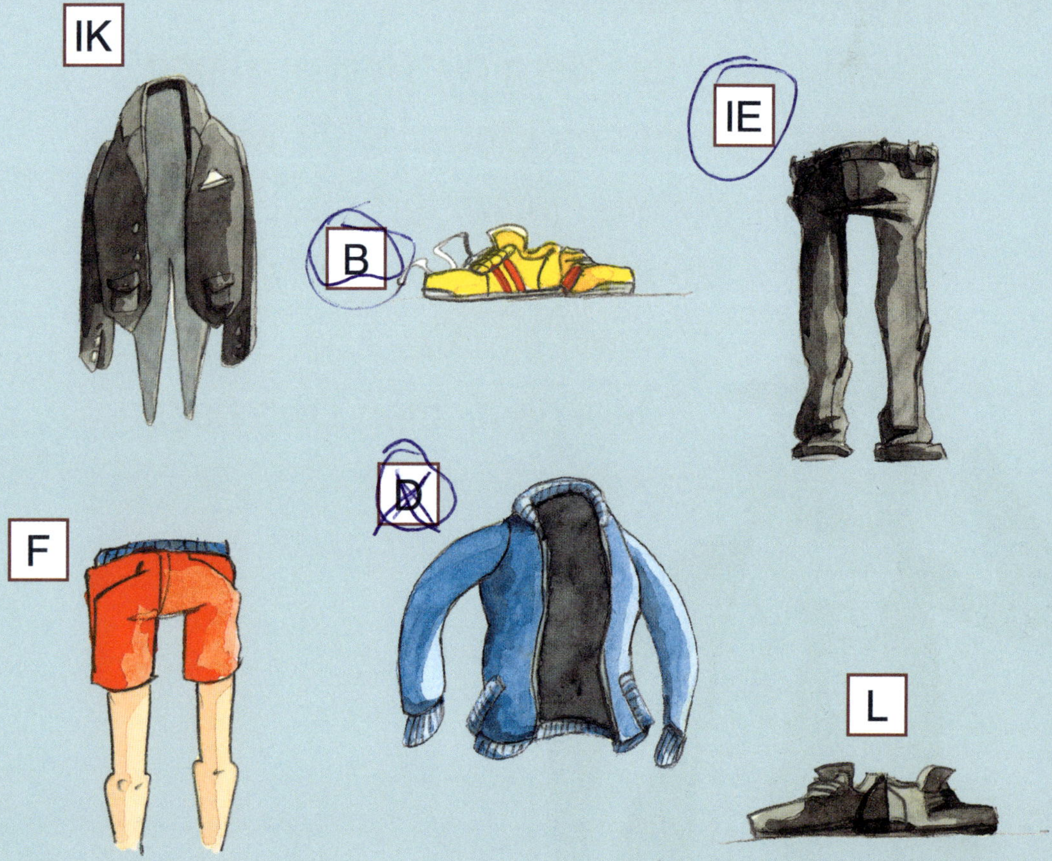

Die Buchstaben neben den Sachen
ergeben ein Lösungswort:

DIEB

Wer sitzt in der Funkzentrale?

11 Der Einsatzleiter

22 Der Dieb

33 Frau Berg

Wie nennt man das Polizeiauto, mit dem Herr Berg unterwegs ist?

1 Punktewagen

0 Streifenwagen

2 Blauwagen

Wenn du die richtigen Ziffern hier aufschreibst, dann steht da die Notrufnummer der Polizei:

110

Merk sie dir!
Vielleicht brauchst du mal die Hilfe der Polizei!

Erwischt!

Herr Berg gähnt. Er ist müde.
„Gleich habe ich frei“, brummt er.
„Aber es ist doch erst Vormittag“,
sagt Leo erstaunt.
„Ich arbeite schon seit Mitternacht“,
sagt Herr Berg und gähnt wieder.
„Wirklich?“, fragt Tim beeindruckt.
„Ja, wir Polizisten sind Tag und Nacht
im Einsatz.
Dabei wechseln wir uns natürlich ab.
Das nennt man Schichtdienst“,
antwortet Herr Berg.

Leo möchte wissen,
ob Herr Berg eine richtige Pistole hat.
„Jeder Polizist hat seine eigene Ausrüstung.
Als Streifenpolizist habe ich das hier dabei:
Schreibzeug, Taschenlampe, Handschellen,
eine schusssichere Weste und die Pistole“,
erklärt Herr Berg.
Herr Berg zeigt Leo und Tim seine Pistole.
Er trägt sie in einer Gürteltasche aus Leder
an der Hüfte.

Am liebsten würde Leo sie anfassen.
Aber das darf er nicht.
Waffen sind zu gefährlich.
Aber Polizisten brauchen noch mehr Dinge,
um ihre Arbeit zu machen.
Herr Berg öffnet den Kofferraum
des Streifenwagens.
„Anhaltestab, Verkehrsleitkegel
und Lampen liegen schon
im Funkstreifenwagen bereit.
Außerdem muss ich einen Fotoapparat,
den Alkomaten und ein Handfunkgerät
von der Wache mitnehmen“,
sagt Herr Berg.
„Was ist ein Alkomat?“,
fragt Leo.

Herr Berg zeigt ihnen den Alkomaten.
„Wenn ein Autofahrer dort hineinpustet,
finde ich heraus,
ob er zu viel Alkohol getrunken hat.
Das kommt nachts leider oft vor“,
sagt Herr Berg.
„Ihr glaubt gar nicht,
wie viele Leute betrunken Auto fahren!“

Tim und Leo dürfen auch mal
in den Alkomaten pusten.
„Ihr habt jedenfalls keinen Schnaps
getrunken“, lacht Herr Berg.
Schon wieder meldet sich der Einsatzleiter.
Herr Berg antwortet sofort.
Leo und Tim gucken sich gespannt an.
„Dank eurer Beschreibung wurde
der Dieb gerade gefasst.
Das Radio hatte er noch dabei.
Toll gemacht!“, sagt Herr Berg.

„Was passiert mit dem Dieb?“, fragt Tim.
„Der Kollege nimmt ihn mit zur Wache.
Dort werden seine Personalien –
also Name und Adresse – überprüft“,
erklärt die Polizistin.
„Mit dem Computer finden wir heraus,
ob ein Dieb bereits gesucht wird.
Oder ob er schon einmal
etwas gestohlen hat.“

Das Funkgerät krächzt wieder.
Es ist noch einmal der Einsatzleiter.
Leo und Tim lauschen neugierig,
aber sie verstehen nicht viel.
„Ich habe eine gute Nachricht“,
sagt Herr Berg dann.
„Herr Meier gibt euch eine Belohnung!
Er hat sich sehr gefreut,
dass der Diebstahl so schnell
aufgeklärt werden konnte.
Und wir müssen jetzt los:
Ein Unfall muss aufgenommen werden.
Tschüss – und vielen Dank für die Hilfe!“
Auch die Polizistin winkt ihnen zu:
„Danke für die gute Zusammenarbeit!“
Schnell springen die beiden
in den Streifenwagen.

Das Auto braust mit Blaulicht los.
„Es ist ganz schön spannend,
ein Polizist zu sein“,
meint Tim.
„Stimmt“, antwortet Leo.
„Später werde ich auch mal Polizist!“
„Aber erst holen wir
unsere Belohnung ab“,
sagt Tim.

Leserätsel

Womit stellt Herr Berg fest, ob ein Autofahrer zu viel getrunken hat?

- [ ] Mit einem Pustomaten
- [ ] Mit einem Automaten
- [x] Mit einem Alkomaten

Streiche die Gegenstände durch, die Herr Berg nicht bei seiner Arbeit braucht!

Z	Pistole	Q	Funkgerät
B	Rad	L	Schreibzeug
F	Radio	I	schusssichere Weste
S	Schwimmweste	P	Alkomat
E	Taschenlampe	I	Handschellen

Wenn du die übrig gebliebenen Buchstaben in die richtige Reihenfolge bringst, erhältst du ein Lösungswort:

POLIZEI

Was sind Personalien?

- Z Kleider- und Schuhgröße einer Person
- B Name und Adresse einer Person
- F Das Gewicht einer Person

Wohin bringen die Polizisten den Dieb zuerst?

- ER Auf die Wache
- OS Ins Gefängnis
- XY Vor Gericht

Womit kann ein Polizist feststellen, ob ein Dieb schon einmal etwas gestohlen hat?

- M Mit der Playstation
- G Mit dem Computer
- U Mit dem Funkgerät

Wenn du es richtig gemacht hast, dann ergeben die Lösungsbuchstaben den Namen eines netten Streifenpolizisten:

B E R G

Infoseite
Diese Dinge braucht ein Streifenpolizist:

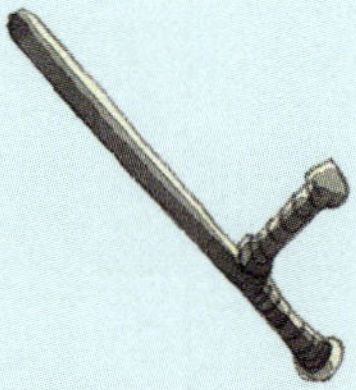

Schlagstock

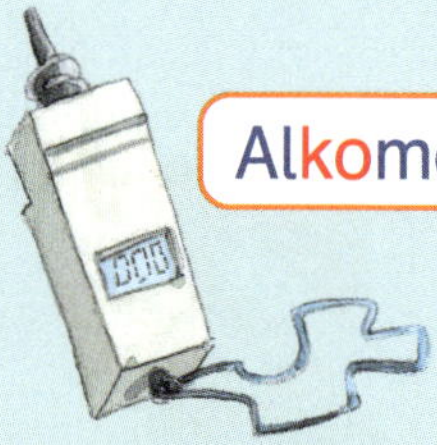

Alkomat

Nissenleuchte

Handschellen

Funkgerät

Absperrband

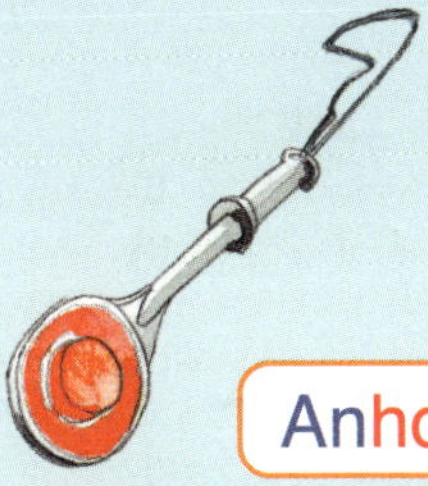

Anhaltestab

Kaffeebecher

Verkehrsleitkegel
(Lübecker Hütchen)

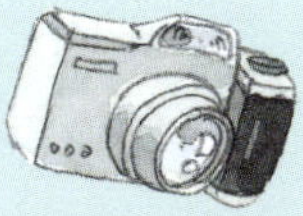

Fotoapparat

Kugelschreiber

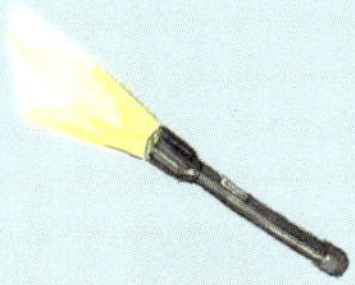

Taschenlampe

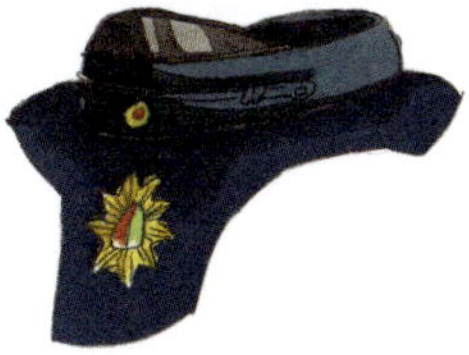

S. 18/19:

Das Lösungswort lautet DIEB.
Der Einsatzleiter sitzt in der Funkzentrale.
Herr Berg ist im Streifenwagen unterwegs.
Die Notrufnummer der Polizei ist die 110.

S. 28/29:

Herr Berg arbeitet mit einem Alkomaten.
Das braucht Herr Berg nicht bei der Arbeit:
Rad,
Radio,
Schwimmweste.
Das Lösungswort lautet POLIZEI.

Personalien sind Name und Adresse einer Person.
Polizisten bringen den Dieb auf die Wache.
Die Polizei schaut im Computer nach.
Der Name des netten Streifenpolizisten
lautet BERG.

Lösungen

Ein Fall für die Feuerwehr

Eine Geschichte von Wolfram Hänel
und Ulrike Gerold
mit Bildern von Jörg Hartmann

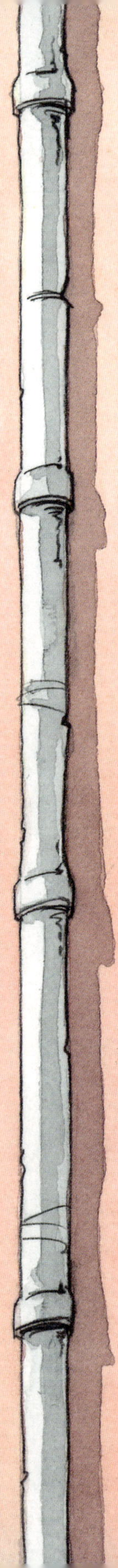

Es brennt

Alex starrt aus dem Fenster.
Ihm ist langweilig. Keiner hat Zeit.
Paul besucht seine Oma,
Tim ist krank und Lars spielt Handball.
Alex will nichts einfallen,
was er allein machen könnte.
Aus dem Haus gegenüber dringt Qualm.
Alex presst die Nase an die Scheibe.
Der Qualm kommt aus einer
offenen Balkontür.
Alex dreht sich
um und ruft:
„Es brennt!“
Mist, Alex ist ja
allein zu Hause!
Seine Eltern
arbeiten noch.

Alex muss die Feuerwehr rufen.

Auf dem Telefon klebt ein kleiner Zettel:

Polizei 110. Feuerwehr 112.

Alex wählt mit zittrigen Fingern.

„Feuerwehr“, meldet sich eine Stimme.

„Es brennt!“, ruft Alex.

„Bei uns gegenüber, Bonifatiusplatz 3.

Im dritten Stock ganz oben.“

„Sind Menschen in der Wohnung?“,

fragt die Stimme.

„Ich kann nichts sehen.

Aus der Balkontür kommt

dichter Qualm.“

„Und wer bist du?“

„Ich bin Alex,

Alex Pohl.“

„Wir sind schon

unterwegs“,

sagt die Stimme.

Alex rennt vor die Haustür.
Gerade kommt Herr Kurt zurück.
„Es brennt!“, ruft Alex.
„Ich habe schon die Feuerwehr angerufen.“
„Gut gemacht“, sagt Herr Kurt.
Herr Kurt wohnt im selben Haus wie Alex.
Sie gucken beide zu dem Balkon hinüber.
Eine Frau erscheint in dem dichten Qualm.
„Keine Panik!“, ruft Herr Kurt laut.
„Die Feuerwehr ist unterwegs!“

Schon hören sie laute Sirenen.
Zuerst kommt der Einsatzleitwagen.
Dann folgen ein Löschgruppen-
fahrzeug, ein Tanklöschfahrzeug,
außerdem ein Drehleiterwagen,
ein Rettungswagen und ein Notarztwagen.
Die Feuerwehrleute wissen, was zu tun ist.
Sie rollen die Schläuche aus und fahren
die Drehleiter in die richtige Position.
Die Frau auf dem Balkon schreit um Hilfe.
Der Qualm wird immer dichter.

Nervös kaut Alex auf seiner Unterlippe.
Das Feuer knistert und knackt.
Die Luft fühlt sich heiß an.
Alex will auf die andere Straßenseite,
um alles genau zu sehen.
Aber Herr Kurt hält ihn am Arm fest.
„Bleib“, sagt er, „da ist es zu gefährlich.
Und außerdem stehst du
den Feuerwehrleuten nur im Weg.“
Ein paar Feuerwehrleute breiten
ein Sprungtuch aus.
Zwei andere klettern die Leiter hinauf.
Sie haben Schutzhelme
auf dem Kopf
und tragen
Atemschutzgeräte.

„So eine Drehleiter kann man etwa 30 Meter hoch ausfahren. Damit kommt man bis in den achten Stock eines Hochhauses“, beginnt Herr Kurt zu erklären.
„Und die Schutzkleidung ist wichtig wegen der Hitze und der Flammen. Die Schläuche werden an den Hydranten und den Tanklöschzug angeschlossen.
Hier sind Pumpen, die den nötigen Wasserdruck im Schlauchsystem erzeugen.“
„Woher wissen Sie das?“, fragt Alex.
Aber Herr Kurt redet schon weiter.

„In der Feuerwehrleitstelle werden alle Anrufe entgegengenommen.
Da sitzt auch der Feuerwehrmann, mit dem du gesprochen hast.
Der hat alle wichtigen Informationen in einen Computer getippt.
Der Computer bestimmt die Fahrzeuge, die gebraucht werden.
Und dann informiert der Feuerwehrmann über ein Mikrofon seine Kollegen.
Einige sind sicher im Mannschaftsraum“, sagt Herr Kurt.

„Bei einer Durchsage
springen sie schnell auf
und rutschen
an einer Stange in die Halle
zu den Fahrzeugen.
Rutschen geht schneller
als Treppensteigen
und stolpern kann
auch niemand."
Alex stellt sich vor,
wie seine Mutter morgens
an einer Stange im Treppenhaus
nach unten rutscht.
Er muss grinsen.
Gegenüber hilft gerade
ein Feuerwehrmann der Frau
auf die Leiter.
Das Sprungtuch wird zum Glück
nicht gebraucht.

Leserätsel

Warum haben die Freunde von Alex keine Zeit? Verbinde die richtigen Puzzleteile.

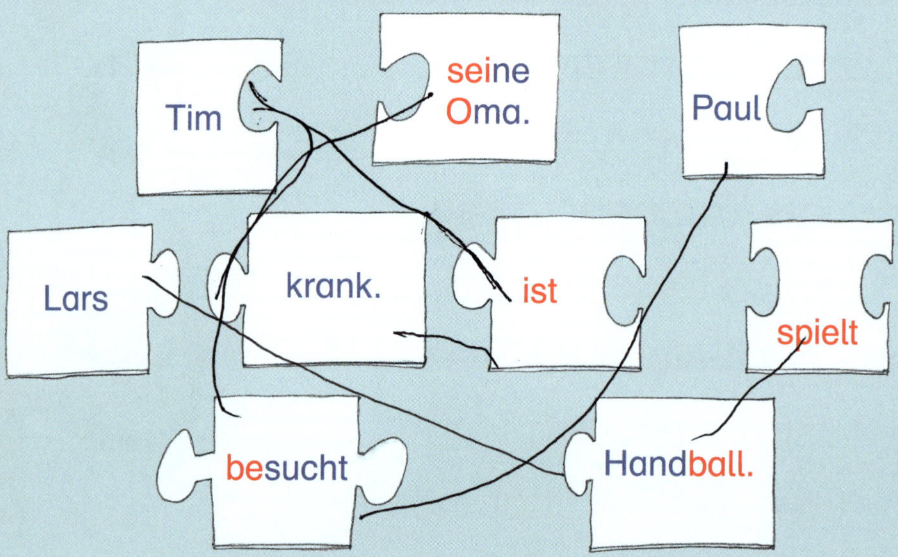

Was muss Alex angeben, wenn er unter der Notrufnummer ein Feuer melden will?

1	Seinen Namen	0	Seine Haarfarbe
1	Seine Adresse	2	Was brennt
0	Sein Hobby	1	Sein Leibgericht

Die Zahlen neben den richtigen Antworten ergeben die Notrufnummer der Feuerwehr:

__ __ __

Mit welchen Fahrzeugen kommt die Feuerwehr zu einem Brand? Kreuze an!

- ☐ Löschgruppenfahrzeug
- ☐ Heuwagen
- ☐ Drehleiterwagen
- ☐ Traktor
- ☐ Straßenbahn
- ☐ Einsatzwagen
- ☐ Notarztwagen

Die unterstrichenen Buchstaben der richtigen Wörter verraten, woran die Feuerwehr ihre Schläuche anschließt.

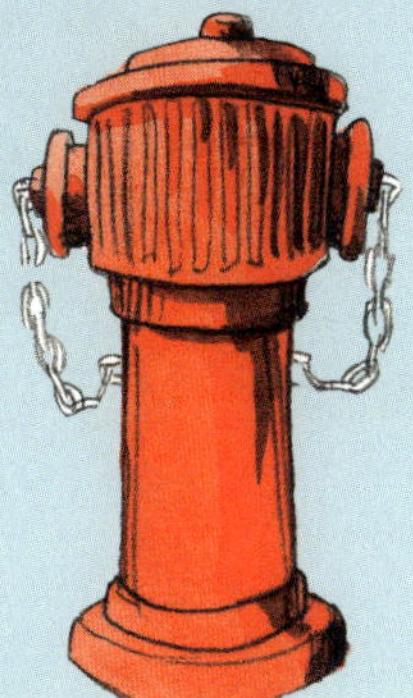

Lösungswort: HYDrANt

Wasser marsch!

„Wasser marsch!", ruft ein Feuerwehrmann.
Und schon schießt das Wasser
durch den Schlauch in die Flammen.
Die Frau wird zum Rettungswagen gebracht,
wo sich ein Arzt und ein Rettungssanitäter
um sie kümmern.
„Das ging noch mal gut", sagt Herr Kurt.
„Das Feuer haben sie gleich unter Kontrolle,
siehst du?"

Herr Kurt zeigt auf die Balkontür,
aus der kaum noch Qualm dringt.
In der Luft fliegen noch immer
kleine schwarze Rußteilchen.
Und nach Feuer riecht es auch noch.
„Bei jedem Feuer entstehen
gefährliche Brandgase“,
erzählt Herr Kurt.

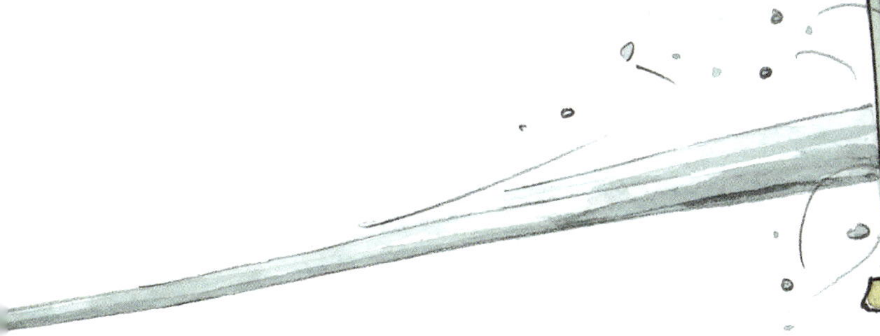

„Richtig schlimm wird es auch,
wenn Chemikalien brennen.
Dann ist der Rauch hochgiftig und
die heißen Gase können sich entzünden.
Vor einer solchen Explosion haben
alle Feuerwehrleute am meisten Angst.“

Plötzlich ruft der Feuerwehrmann
aus dem Einsatzleitwagen:
„Hallo, Bruno! Was machst du denn hier?“
Der Feuerwehrmann kommt zu ihnen
und schüttelt Herrn Kurt die Hand.
Und dann Alex.
„Ich bin Udo, der Einsatzleiter“, sagt er.
„Und Bruno, ich meine Herr Kurt,
ist ein …“
„Ein alter Kollege von Ihnen,
schon klar“, sagt Alex.

Auf der anderen Straßenseite wird
der Befehl „Wasser halt!“ gegeben.
Die Feuerwehrleute rollen
die Schläuche ein und
fahren die Leiter zurück.
Herr Kurt und Udo erzählen Alex,
was sie alles erlebt haben,
als sie noch zusammengearbeitet haben.

„Einmal gab es einen Unfall“, erzählt Herr Kurt.
„Da waren Leute in ihrem Auto eingeklemmt.“
„Wir kamen mit dem Rüstwagen und mussten die Türen von dem Unfallauto aufbrechen“, nickt Udo.
„Der Rettungswagen hat dann sofort die Verletzten versorgt.
Das ausgelaufene Benzin und Öl haben wir mit einem Spezialpulver abgebunden.“

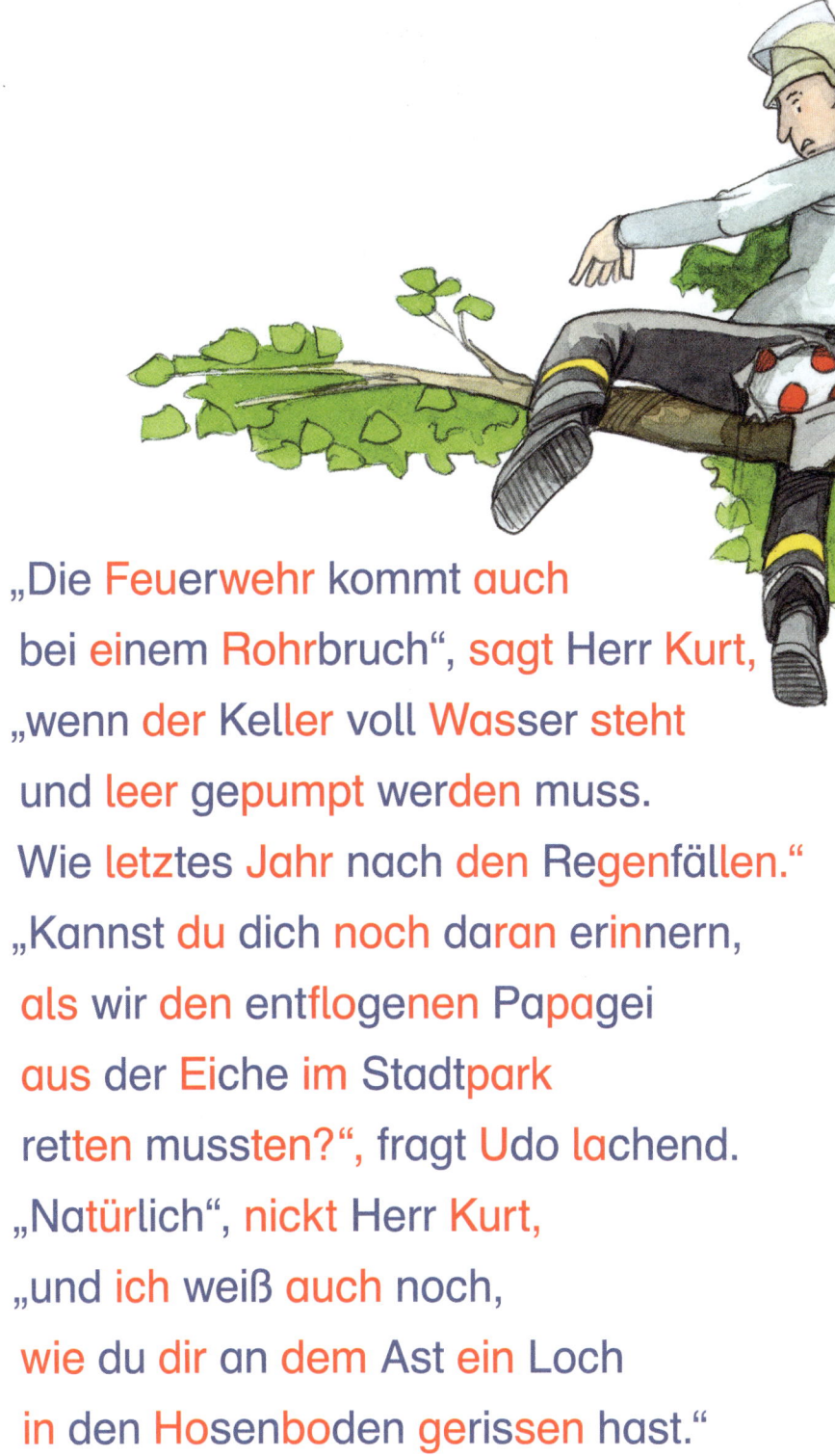

„Die Feuerwehr kommt auch
bei einem Rohrbruch“, sagt Herr Kurt,
„wenn der Keller voll Wasser steht
und leer gepumpt werden muss.
Wie letztes Jahr nach den Regenfällen.“
„Kannst du dich noch daran erinnern,
als wir den entflogenen Papagei
aus der Eiche im Stadtpark
retten mussten?“, fragt Udo lachend.
„Natürlich“, nickt Herr Kurt,
„und ich weiß auch noch,
wie du dir an dem Ast ein Loch
in den Hosenboden gerissen hast.“

Die Feuerwehrleute rufen nach Udo.
Der Einsatz ist beendet.
Sie wollen schnell zur Feuerwache.
„Die Schläuche müssen zum Trocknen
aufgehängt werden.
Erst dann können wir sie wieder
für den nächsten Einsatz aufrollen.“
„Gibt es dafür die Türme
an jeder Feuerwache?“, fragt Alex.
„Genau, das sind die Schlauchtürme“,
nickt Herr Kurt.

„Wenn du möchtest“, sagt Udo,
„komm doch mal bei uns vorbei.
Dann zeig ich dir alles ganz genau.“
„Klasse!“, freut sich Alex.
Herr Kurt guckt auf einmal ganz traurig.
„Wenn es in Ordnung ist,
bringe ich Herrn Kurt mit“, grinst Alex.
„Aber nur, wenn Bruno mich dann auch
mal etwas erklären lässt“, sagt Udo.
Da muss sogar Herr Kurt lachen.

Leserätsel

Bringe die Sätze in die richtige Reihenfolge!

CH Die Feuerwehrmänner rutschen an einer Stange in die Fahrzeughalle.

SP In der Feuerwehrleitstelle klingelt das Telefon.

TU Der Feuerwehrmann informiert die Kollegen im Mannschaftsraum.

RU Der Feuerwehrmann gibt die Informationen in einen Computer ein.

NG Der Computer rechnet aus, welche Fahrzeuge zum Einsatz fahren.

Die Lösungsbuchstaben ergeben ein wichtiges Hilfsmittel, das die Feuerwehr zur Rettung von Personen braucht:

SP	RU	Ng	TU	CH
1	2	3	4	5

Was stimmt? Kreuze an!

- NO – Mit der Drehleiter kann man Karussell fahren.
- LAU – Die Schutzkleidung schützt die Feuerwehrleute vor großer Hitze.
- GA – Die Notärztin kümmert sich um Alex.
- CH – Die Feuerwehr muss auch bei schweren Verkehrsunfällen kommen.
- WA – Die Feuerwehrleitstelle ist nur montags besetzt.
- TU – Bei Überschwemmungen pumpt die Feuerwehr den Keller leer.
- RM – Udo und Herr Kurt haben einen Papagei vom Baum gerettet.

Die Buchstaben neben den richtigen Antworten ergeben einen Gebäudeteil der Feuerwache:

SCH L A U C H T U R M

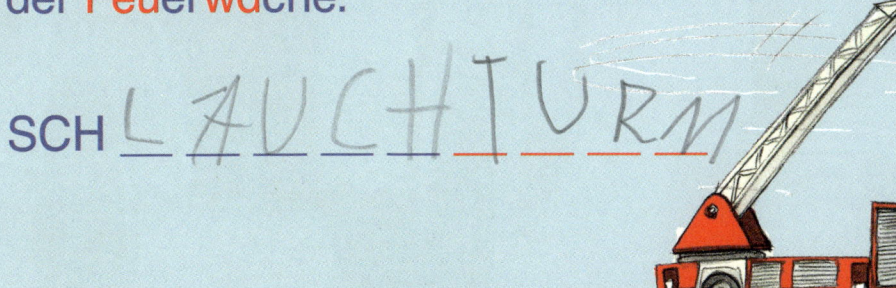

Infoseite
Diese Dinge braucht die Feuerwehr

Erste-Hilfe-Koffer

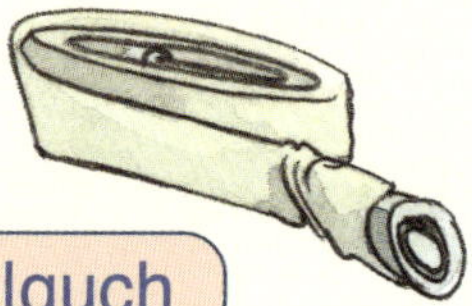

Schlauch

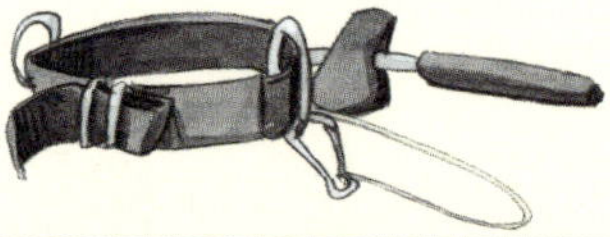

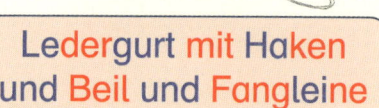

Ledergurt mit Haken und Beil und Fangleine

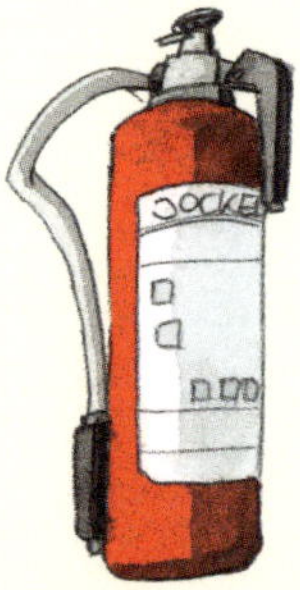

Feuerlöscher

Verkehrsleitkegel

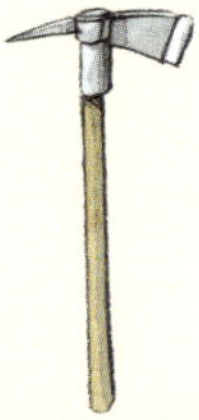

Feuerwehraxt

Hydrant

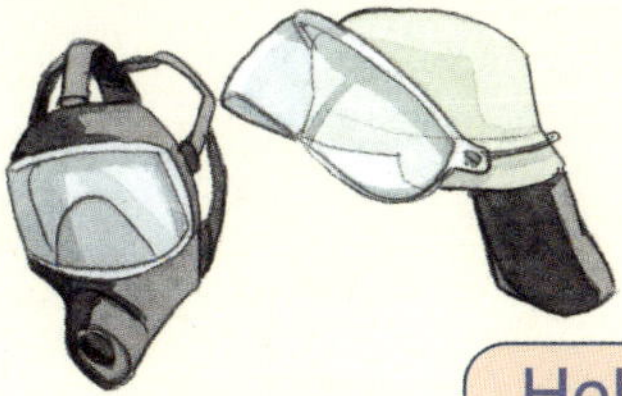

Schutzkleidung

Helm

Atemschutzgerät

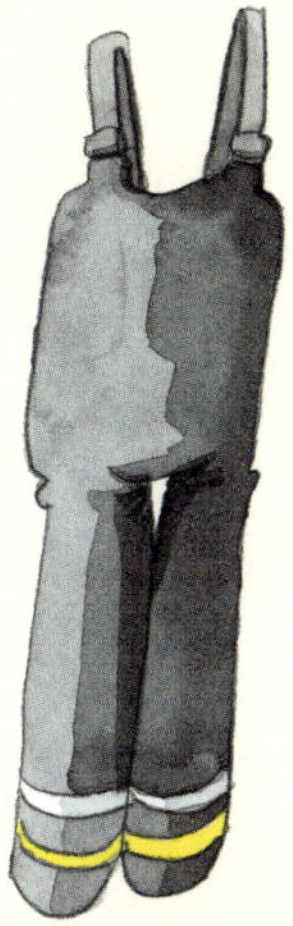

feste Stiefel mit Profilsohle

Jacke

Hose

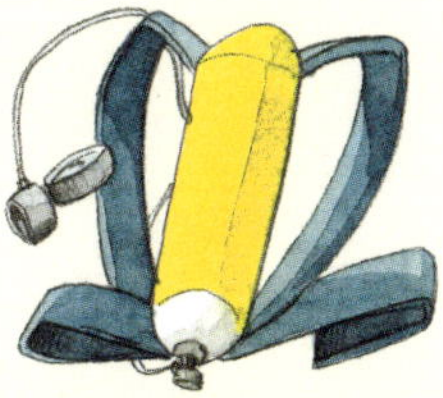

Stulpenhandschuhe

Beatmungsgerät

Taschenlampe

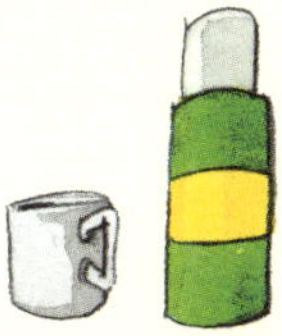

Thermoskanne und Teebecher

Löschgruppenfahrzeug

Lösungen

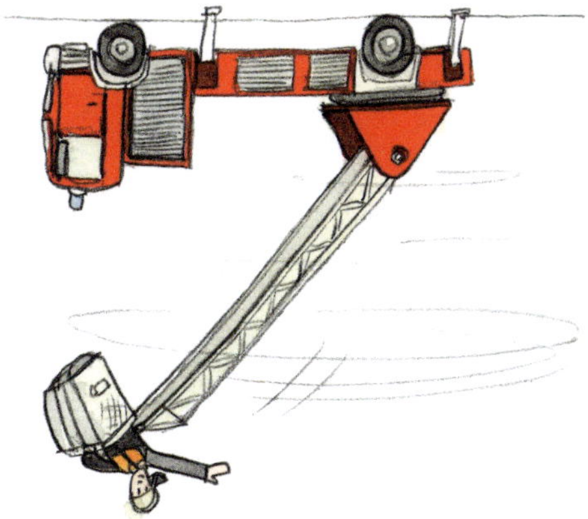

S. 44/45:

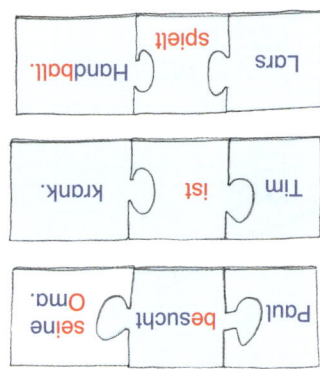

Paul	besucht	seine Oma.
Tim	ist	krank.
Lars	spielt	Handball.

Die Notrufnummer der Feuerwehr ist 112.
Das Lösungswort lautet HYDRANT.

S. 54/55:

Wenn du die Sätze in die richtige Reihenfolge gebracht hast, ergibt sich das Lösungswort SPRUNGTUCH.
Das Lösungswort lautet SCHLAUCHTURM.

KRIMINAL
POLIZEI

Ein Fall für die Kripo

Eine Geschichte von Christian Tielmann
mit Bildern von Jörg Hartmann

Der Einbruch

Emil und Tante Dora kommen heute
spät nach Hause.
Sie waren auf einem Fest.
„Du bist die beste Tante der Welt!“,
sagt Emil.
Bei seinen Eltern darf er nämlich
nie so lange aufbleiben.
Da tritt Tante Dora voll auf die Bremse
und ruft: „Spinnt der?“
Aus der Seitenstraße kommt
ein weißer Lieferwagen geschossen.
Fast wären sie zusammengestoßen.
„Das ist der kurze Lieferwagen
von Mercedes!“, sagt Emil sofort.
„Der ist ganz schön selten.
Mit Doppelreifen habe ich den
noch nie gesehen.“

Aber Tante Dora hört gar nicht zu,
denn sie erreichen ihr Haus.
Und dass hier etwas nicht stimmt,
sieht auch Emil auf einen Blick.
Die Haustür steht offen.
Sie betreten das Haus.
Tante Dora wird bleich um die Nasenspitze
und auch Emil bekommt plötzlich
weiche Knie.
„Hier waren Einbrecher!“,
sagt Tante Dora.
Sie ruft die Polizei.

Wenig später kommen zwei Polizisten,
Herr Schwarz und Herr Weiß.
„Was ist passiert?“, fragt Herr Schwarz.
„Hier ist eingebrochen worden!“,
sagt Tante Dora.
„Die Haustür stand offen,
als wir nach Hause kamen.“
Sie führt die Polizisten ins Wohnzimmer.
Im Fenster zum Garten ist ein rundes Loch,
das Fenster steht offen.
Der Esstisch und der kleine Tisch
sind umgestoßen worden.
„Meine Perserteppiche sind weg!“,
sagt Tante Dora.
„Fehlt noch etwas?“, fragt Herr Weiß.
„Mein Schmuck.
Der lag im Schlafzimmer!“

Tante Dora will den Tisch wieder hinstellen.
„Nicht anfassen!“, rufen die Polizisten.
Tante Dora zuckt zusammen.
„Warum nicht?“
„Wegen der Spuren“, antwortet Herr Weiß.
Er schreibt genau auf,
was gestohlen wurde.
Und wie die Täter vermutlich
ins Haus gekommen sind.
„Das ist ein Fall für die Kriminalpolizei“,
sagt Herr Schwarz und ruft die Kollegen
von der Spurensicherung an.

„Ist Ihnen etwas Verdächtiges aufgefallen?“,
fragt Herr Schwarz.
„Der Lieferwagen,
der uns fast gerammt hätte,
als wir in die Straße eingebogen sind!“,
erinnert sich Emil.
Herr Schwarz schreibt sich das auf.
„Um wie viel Uhr war das?“
„So gegen zehn“, sagt Tante Dora.
„Kannst du den Lieferwagen beschreiben?“,
fragt Herr Schwarz Emil.

Emil nickt.
„Das war ein Mercedes,
der kurze Lieferwagen!
Hinten hatte er Doppelreifen.
Und auf der Seite war Werbung für Blumen."
„Hast du auch das Kennzeichen gesehen?",
fragt Herr Weiß.
Emil schüttelt den Kopf.
„Der war zu schnell weg. Tut mir leid."
„Ist nicht schlimm,
deine Beschreibung ist sehr genau",
sagt Herr Weiß.
„Das Auto finden wir vielleicht auch so."

Erst kurz vor Mitternacht kommt
die Spurensicherung zu Tante Dora.
„Schneller ging es leider nicht“,
sagt die Beamtin.
Frau Schult und ihr Kollege suchen Spuren,
die Verbrecher hinterlassen.
Vor dem Fenster sind Fußspuren
von zwei Paar Schuhen im Blumenbeet.
Der Kollege macht ein Foto
von den Abdrücken und
dem Loch in der Scheibe.
„Das Loch haben sie
mit einem Glasschneider geschnitten.“

Frau Schult pinselt den Fensterrahmen
und die Scheibe mit einem Pulver ein.
„Die Einbrecher trugen keine Handschuhe.
Hier sind die Fingerabdrücke“,
erklärt Frau Schult.
Mit dem Pulver macht sie
die Abdrücke sichtbar.
Sie fotografiert sie und klebt sie dann
mit einer Spezialfolie auf eine Karte.
Fingerabdrücke sind bei jedem anders.
Deshalb sind sie ein guter Beweis dafür,
dass jemand an einem
bestimmten Ort war.

Leserätsel

Wie sieht der Lieferwagen aus?
Kreuze die richtigen Antworten an.

- FIN Weiß mit Werbung für Blumen
- VON Schwarz mit grünen Streifen
- HER Lang mit großen Pfeifen
- GER Kurz mit Doppelreifen

Wen ruft Tante Dora an?

- AN Die Auskunft
- ZU Emils Vater
- AB Die Polizei
- IN Die Einbrecher

Was wurde bei Tante Dora gestohlen?

- TRI Äpfel und Birnen
- TRU Tisch und Stuhl
- DRU Schmuck und Teppiche
- DRE Kaffee und Kuchen

Was tun die Leute
von der Spurensicherung?

CH Sie suchen nach Einbrechern,
die Spuren hinterlassen haben.

IK Sie hinterlassen Spuren,
nach denen Einbrecher suchen.

CK Sie suchen nach Spuren,
die Einbrecher hinterlassen haben.

Die Buchstaben neben den richtigen
Antworten ergeben ein Lösungswort:

F I n g e r A B D r U c k

Fall gelöst!

Herr Jäger und Frau Fuchs sind Kommissare bei der Kriminalpolizei. Sie ermitteln auch in Tante Doras Fall. Der Bericht von Herrn Schwarz und Herrn Weiß liegt auf ihrem Schreibtisch. Dazu kommen noch die Spuren, die die Spurensicherung gefunden hat. „Mit dem Glasschneider die Scheibe aufschneiden und Teppiche klauen, das kennen wir doch!“, murmelt Frau Fuchs.

Die Fingerabdrücke werden
in einen Computer eingegeben.
Dann werden sie mit Fingerabdrücken
von anderen Tatorten verglichen.
Und tatsächlich beweisen
die Fingerabdrücke,
was Frau Fuchs vermutet hat.
Die beiden Täter haben
in den letzten Wochen
schon vier Häuser ausgeraubt.

Am nächsten Tag entdeckt ein Polizist
den weißen Lieferwagen.
Der Fahrer hat den Wagen
in einer Garage abgestellt.
Frau Fuchs tippt das Kennzeichen
in ihren Computer ein.
So kann sie herausfinden,
wem der weiße Lieferwagen gehört.
Aber der Computer findet
das Kennzeichen nicht.
Es ist eine Fälschung!
Frau Fuchs fragt den Kollegen über Funk,
wo genau die Garage steht.

Frau Fuchs und Herr Jäger klingeln
beim Haus neben der Garage.
„Wissen Sie, wem die Garage gehört?“,
fragen sie den Mann,
der ihnen die Tür öffnet.
„Ja. Mir!“, sagt der Mann.
„Ich habe sie
an Bernd und Harry Maas vermietet.“
„Und wissen Sie auch, wo die wohnen?“,
fragt Herr Jäger.
„Um die Ecke, Nelkengasse 5.“

Ein junger Mann öffnet die Tür.
„Kriminalpolizei. Sind Sie Harry Maas?“,
fragt Herr Jäger.
„Bernd“, sagt der junge Mann knapp.
„Wir haben ein paar Fragen an Sie“,
sagt Frau Fuchs.
Aber Bernd Maas will
keine Aussage machen.
Das nützt ihm nichts.
Im Keller finden die Kommissare
viele Teppiche und sogar drei Fernseher.
Nur Tante Doras Schmuck ist nicht dabei.

In Harrys Schrank entdecken sie
auch noch einen Glasschneider.
„Wollen Sie ein Geständnis ablegen?“,
fragt Frau Fuchs.
Aber die Brüder schweigen.
Dann werden sie festgenommen
und abgeführt.

Auf der Polizeiwache werden
die Fingerabdrücke der Brüder
mit denen vom Tatort verglichen.
Es sind die gleichen Abdrücke!
Das beweist, dass sie
in Tante Doras Haus waren.
Jetzt endlich gestehen die Diebe,
wo sie den Schmuck versteckt haben.
Der Fall ist gelöst.
Die Kommissare schreiben
einen Bericht über die Einbrüche.
Sie übergeben den Bericht
dem Staatsanwalt,
der Bernd und Harry anklagt.
Ein Richter wird dann entscheiden,
ob und wie hart die Brüder bestraft werden.

Emil und Tante Dora holen die Teppiche
und den Schmuck auf der Wache ab.
„Danke für deine Hilfe, Emil“,
sagt Herr Jäger.
„Das Auto war ein wichtiger Hinweis für uns.
Du wirst später bestimmt mal
ein prima Kriminalkommissar.“
„Nie im Leben!“, ruft Emil.
„Ihr sitzt ja nur am Schreibtisch!
Da geh ich lieber zur Spurensicherung.“

Leserätsel

Was beweist, dass Bernd und Harry am Tatort waren?

KA Sie geben alles zu und legen ein Geständnis ab.

ER Ihre Fingerabdrücke wurden am Tatort gefunden.

WI Die Polizisten haben die gestohlenen Teppiche im Keller von Bernd und Harry Maas gefunden.

UR Ein Zeuge hat Bernd und Harry auf einem Foto wiedererkannt.

SC Der Lieferwagen der beiden ist am Tatort gesehen worden.

IE Bernd und Harry haben sich mit ihrer Aussage selbst verraten.

Wer entscheidet, ob jemand ins Gefängnis muss?

- [ ] A Der Dichter
- [x] H Der Richter
- [ ] T Der Trichter

Für was bedankt sich Herr Jäger bei Emil?

- [x] T Für einen wichtigen Hinweis
- [ ] H Für einen richtigen Beweis
- [ ] S Für einen durchsichtigen Ausweis

Die Buchstaben neben den richtigen Antworten ergeben ein Lösungswort:

ERWISCHT!

Infoseite
Diese Dinge braucht die Spurensicherung:

Spezielles Pulver,
um Fingerabdrücke sichtbar zu machen.
Die Kommissare verwenden helles Pulver,
wenn der Untergrund dunkel ist, und
dunkles Pulver, wenn der Untergrund
hell ist.

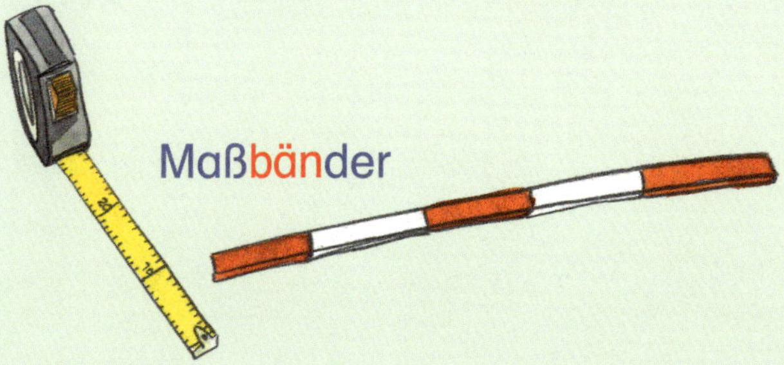

Maßbänder

Schere

Schutzanzug und Gummihandschuhe,
damit die Kommissare der Spurensicherung
am Tatort nicht selbst Spuren hinterlassen.

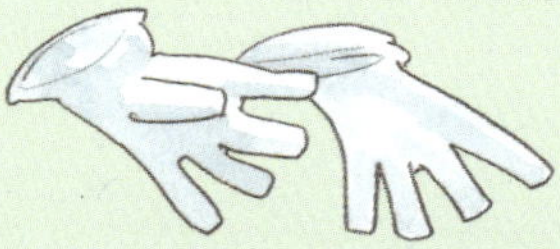

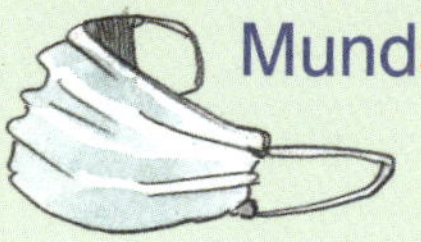

Mundschutz

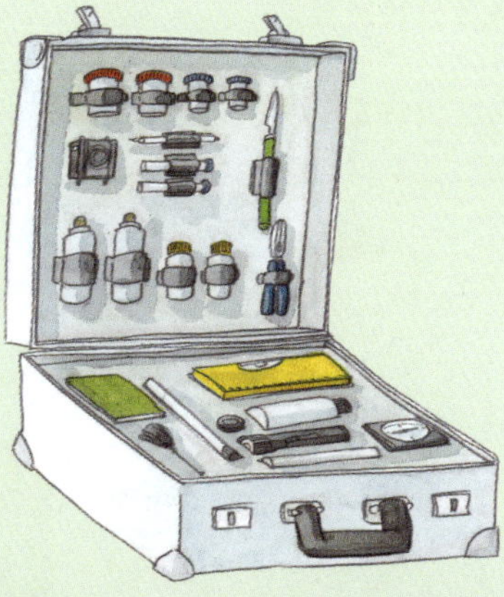

Spurensicherungskoffer

Plastiktüten, um Spuren zu sichern, ohne sie zu beschädigen.

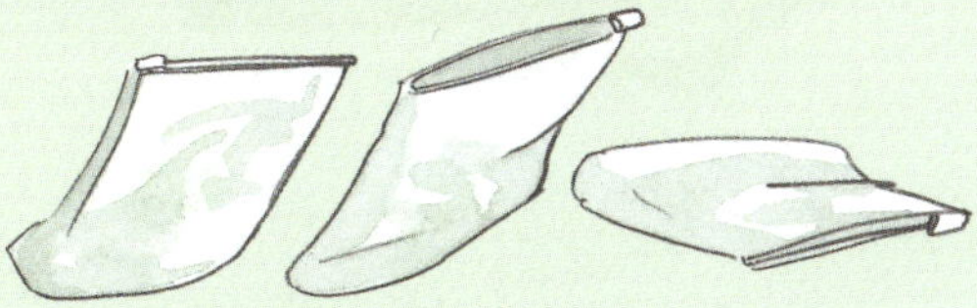

PC

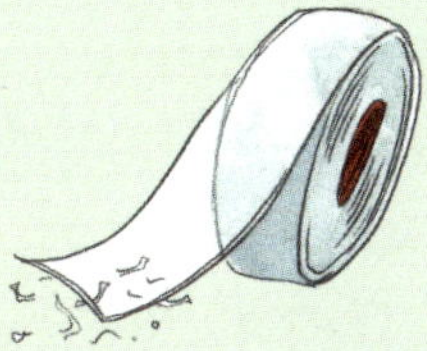

Spurensicherungsband

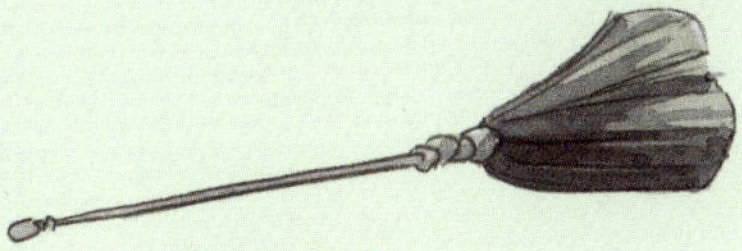

Pinsel

Fotoapparat und Nummerntafeln
Die Nummerntafeln stellen die Kommissare neben die Spuren, die sie fotografieren, damit sie die Spuren auseinanderhalten können.

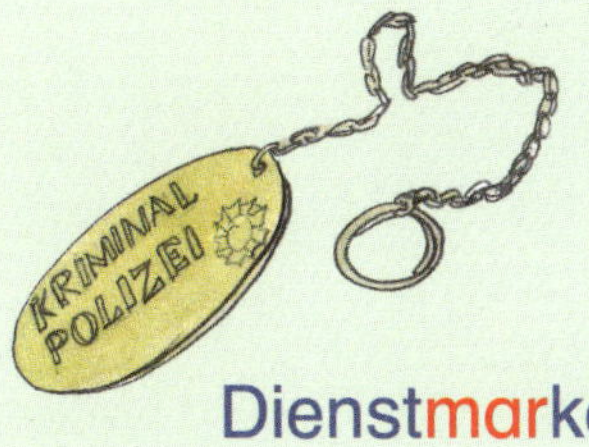

Dienstmarke

Dienstausweis

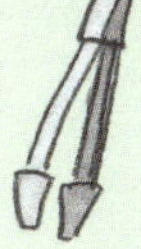

Pinzette

Spezialfolie und Karte, um Fingerabdrücke aufzukleben.

Lösungen

S. 70/71:

Der Lieferwagen ist weiß mit Werbung für Blumen
und kurz mit Doppelreifen.
Tante Dora ruft die Polizei an.
Schmuck und Teppiche wurden
bei Tante Dora gestohlen.
Sie suchen nach Spuren,
die Einbrecher hinterlassen haben.
Das Lösungswort lautet FINGERABDRUCK.

S. 80/81:

Das Lösungswort lautet ERWISCHT.

Lesen lernen mit der Lesemaus

Liebe Eltern,

alle Kinder wollen lesen lernen. Sie sind von Natur aus wissbegierig. Diese Neugierde Ihres Kindes können Sie nutzen und das Lesenlernen frühzeitig fördern. Denn Lesen ist die Basiskompetenz für alles weitere Lernen. Aber Lesenlernen ist nicht immer einfach. Es ist wie mit dem Fahrradfahren: Man lernt es nur durch Üben – also durch Lesen.

Lesespaß mit Lesepass

Je regelmäßiger Ihr Kind übt, desto schneller und besser wird es das Lesen beherrschen. Eine schöne Motivation kann dabei ein Lesepass sein, den Sie zusammen mit Ihrem Kind basteln können.
Vereinbaren Sie mit ihm eine kleine Belohnung, die es für eine bestimmte Anzahl an Trainingsminuten gibt.
Eine Leseeinheit können zum Beispiel 10 Minuten sein.
Für jede Leseeinheit gibt es einen Sammelpunkt – und nach einer zu vereinbarenden Anzahl von Punkten dann die kleine Belohnung.

Wie können Sie Ihr Kind beim Lesenlernen unterstützen?

Je positiver Kinder das Lesen erleben, desto motivierter sind sie, es selbst zu lernen. Versuchen Sie, Ihrem Kind

ein Vorbild zu sein. Zeigen Sie Ihrem Kind, dass Lesen und Schreiben zum Alltag gehören. Etablieren Sie gemeinsame Leserituale. So erfährt Ihr Kind: Lesen macht Spaß!
Lesen Sie Ihrem Kind mindestens bis zum Ende der Grundschulzeit vor. Auch wenn Ihr Kind zunehmend eigenständig liest, bleibt das Vorlesen ein schönes und sinnvolles Ritual.

Lesen lernen mit der Lesemaus

Jedes Kind lernt unterschiedlich schnell lesen. Orientieren Sie sich bei der Auswahl von Erstlesebüchern daher an den Interessen und Lesefähigkeiten Ihres Kindes. Die Geschichten sollen Ihr Kind fordern, aber nicht überfordern. Die Lesemaus zum Lesenlernen bietet spannende und leicht verständliche Geschichten für Leseanfänger. Altersgerechte Illustrationen helfen, das Gelesene zu verstehen.
Mit lustigen Leserätseln können die Kinder ihre Lernerfolge spielerisch selbst überprüfen. Außerdem gibt es in jedem Band interessante Sachinfos für Jungen und Mädchen.

Ihnen und Ihrem Kind viel Spaß beim Lesen!

Lesen lernen in kleinen Schritten

Der Leselern-Prozess vollzieht sich über längere Zeit und in mehreren Schritten. Genauso differenziert wie dieser Prozess sind die Erstlesebücher mit der Lesemaus. Umfang, Wortschatz, Schriftgröße, Text-Bild-Verhältnis der Geschichten und das Niveau der Leserätsel sind optimal auf die verschiedenen Phasen des Lesenlernens abgestimmt:

Auf zum Bauernhof!

Milla sitzt im [Bild].
Sie strahlt mit der [Bild] um die Wette.
Denn sie und ihre Mutter fahren
zu Oma auf den [Bild].
Dort ist Milla am liebsten.
Ihre Oma hat viele Tiere und
Milla ist eine große Tierfreundin.
„Ob die [Bild] schon geboren sind?",
fragt sie unterwegs.

„Bestimmt", antwortet ihre Mutter.
Nach einer Weile kommt das [Bild]
auf dem [Bild] an.
Milla begrüßt ihre Oma und
fragt sofort nach den [Bild].
„Trude hat 7 [Bild] bekommen",
erzählt Oma. „Möchtest du ihnen
Namen geben?"
Natürlich möchte Milla das!
Sie rennt gleich zum Schweinestall.

3

Bild-Wörter-Geschichten – mit Bildern lesen lernen

- Erste Geschichten mit Bildern statt Wörtern für Leseanfänger
- Große Fibelschrift
- Wenig Text, viele farbige Bilder
- Auch ideal zum gemeinsamen Lesen: Das Kind ergänzt das Wort, wenn ein Bild kommt.

Geschichten im Dialog – zu zweit lesen lernen

- Kleine Geschichten zum Vor- und Selberlesen
- Lesen im Dialog – das Erfolgskonzept zum Lesenlernen
- Eltern lesen die linke, Kinder die rechte Seite
- Große Fibelschrift, hoher Bildanteil

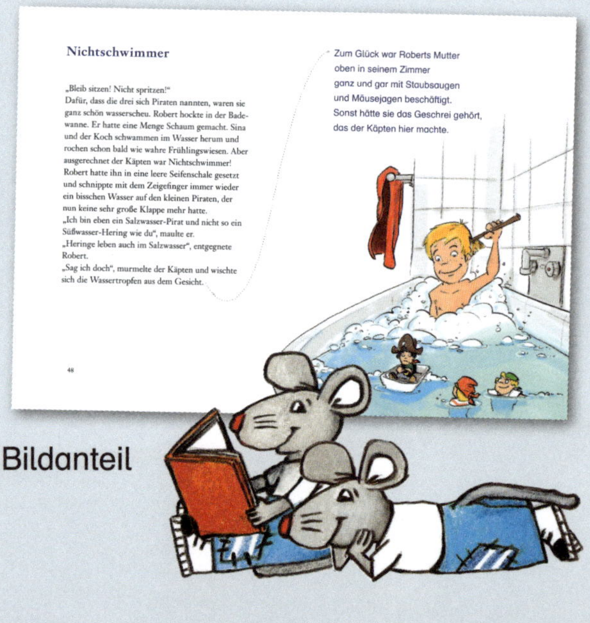
Nichtschwimmer

„Bleib sitzen! Nicht spritzen!"
Dafür, dass die drei sich Piraten nannten, waren sie ganz schön wasserscheu. Robert hockte in der Badewanne. Er hatte eine Menge Schaum gemacht. Sina und der Koch schwammen im Wasser herum und rochen schon bald wie wahre Frühlingswiesen. Aber ausgerechnet der Käpten war Nichtschwimmer! Robert hatte ihn in eine leere Seifenschale gesetzt und schnippte mit dem Zeigefinger immer wieder ein bisschen Wasser auf den kleinen Piraten, der nun keine sehr große Klappe mehr hatte.
„Ich bin eben ein Salzwasser-Pirat und nicht so ein Süßwasser-Hering wie du", maulte er.
„Heringe leben auch im Salzwasser", entgegnete Robert.
„Sag ich doch", murmelte der Käpten und wischte sich die Wassertropfen aus dem Gesicht.

48

Zum Glück war Roberts Mutter
oben in seinem Zimmer
ganz und gar mit Staubsaugen
und Mäusejagen beschäftigt.
Sonst hätte sie das Geschrei gehört,
das der Käpten hier machte.

Geschichten zum Selberlesen – Lesekompetenz üben und festigen

- Einfache Geschichten für Erstleser, die schon längere Texte lesen können
- Klare Textgliederung in Sinnabschnitte
- Viele farbige Bilder zur Veranschaulichung
- Leserätsel zum Textverständnis

So ein Angeber!
Es ist ein warmer Frühlingstag.
Die Freunde aus der 2a verabreden sich für den Nachmittag zum Schwimmen.
„Kann ich mitkommen?“, fragt Mike.
„Wenn du mit Karla um die Wette schwimmst?“, sagt Anna spöttisch.
„Null Problemo“, antwortet Mike.

„Ich wette um eine Tafel Schokolade, dass Karla gewinnt“, sagt Mia.
Karla ist die beste Schwimmerin der Klasse.
Im Herbst wird sie neun Jahre alt.
Dann will sie das goldene Jugend-Schwimmabzeichen machen.

10

Extra Lesetraining – vertiefende Methoden zum Lesenlernen

- Spannende Geschichten für Leseanfänger
- Bewährte didaktische Konzepte
- Einfache Sätze, klare Gliederung
- Leserätsel zur Erfolgskontrolle

Silbenmethode

Marie liest mit der Nase!
Maries Klasse plant eine Lesenacht.
Die Schüler wollen Geschichten hören und im Klassenzimmer übernachten.
„Aber ich kann nicht die ganze Nacht vorlesen. Ihr seid auch mal dran“, sagt Herr Baum, der Lehrer.
„Und damit das Vorlesen gut klappt, üben wir jetzt noch mal!“
Maries Freund Leon ist als Erster dran.

36

Leon liest wunderbar vor.
Dann kommt Finn an die Reihe.
Schließlich landet das Buch bei Marie.
Da lacht Jaro: „Marie liest ja mit der Nase!“
„Die Schrift ist eben zu undeutlich!“, sagt Marie wütend.

37

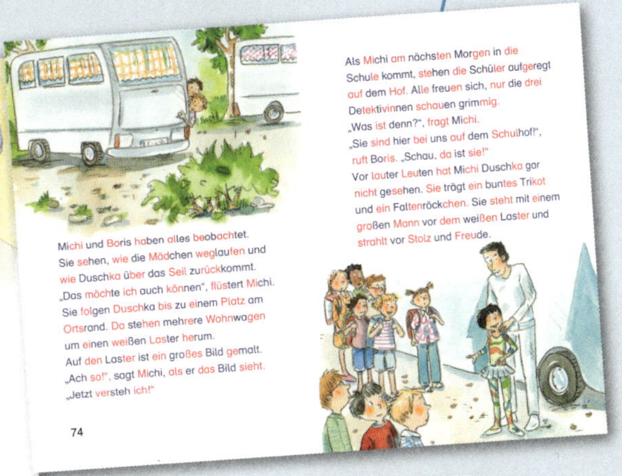
Michi und Boris haben alles beobachtet.
Sie sehen, wie die Mädchen weglaufen und wie Duschka über das Seil zurückkommt.
„Das möchte ich auch können“, flüstert Michi.
Sie folgen Duschka bis zu einem Platz am Ortsrand. Da stehen mehrere Wohnwagen um einen weißen Laster herum.
Auf den Laster ist ein großes Bild gemalt.
„Ach so!“, sagt Michi, als er das Bild sieht.
„Jetzt versteh ich!“

74

Als Michi am nächsten Morgen in die Schule kommt, stehen die Schüler aufgeregt auf dem Hof. Alle freuen sich, nur die drei Detektivinnen schauen grimmig.
„Was ist denn?“, fragt Michi.
„Sie sind hier bei uns auf dem Schulhof!“, ruft Boris. „Schau, da ist sie!“
Vor lauter Leuten hat Michi Duschka gar nicht gesehen. Sie trägt ein buntes Trikot und ein Faltenröckchen. Sie steht mit einem großen Mann vor dem weißen Laster und strahlt vor Stolz und Freude.

Vereinfachte Ausgangsschrift

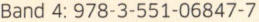

Unser Versprechen für mehr Nachhaltigkeit
- Klimaneutrales Produkt
- Farben auf pflanzlicher Basis
- FSC®-zertifiziertes Papier
- Hergestellt in Europa

Die **LESEMAUS** ist eine eingetragene Marke des Carlsen Verlags.

Sonderausgabe im Sammelband

ISBN: 978-3-551-06651-0
Umschlagillustration und Vorsatz: Jörg Hartmann
Illustration der Lesemaus: Hildegard Müller
Umschlagkonzeption: Gunta Lauck
Lektorat: Constanze Steindamm
Satz: Karin Kröll
Lithografie: ReproTechnik Fromme, Hamburg

Ein Fall für die Polizei

Ein Fall für die Feuerwehr

Ein Fall für die Kripo

POLIZEIABSPERRUNG
KRIMINAL POLIZEI
KRIMINAL POLIZEI
1 2 3
KRIMINAL POLIZEI